Ma première histoire de...

Loup

Racontée par Raphaële Glaux
Dessinée par Pascal Vilcollet

FLEURUS

Ma première histoire de loup

Il était une fois un grand loup gris avec une longue queue, un long museau, des yeux noirs et brillants et des dents blanches et pointues. Ce n'était pas un loup gentil qui mangeait des légumes et de la soupe.

C'était un loup très cruel

qui aimait la viande bien fraîche

et surtout

les moutons.

Quand il avait faim, le grand loup gris sortait de la forêt. Il choisissait un beau mouton dans le troupeau qui broutait l'herbe de la vallée.

Et hop,

il le dévorait !

Un beau matin, pendant que le loup se brosse les dents et se lime les griffes en se demandant ce qu'il va croquer pour son déjeuner, une grande discussion a lieu chez les moutons.

« On en a assez de se faire dévorer par le loup ! Il faut faire quelque chose ! »

L'un des moutons a une idée. « Mon cousin, le mouton noir, sait combattre le loup. Il a de l'expérience. Je pourrais l'appeler.
– Bonne idée ! disent les moutons. Dis-lui de venir nous aider ! »

Une semaine plus tard,

le mouton noir arrive

avec ses bagages.

Les moutons lui font fête en bêlant de joie. Le loup, qui a de grandes oreilles, entend tout ce remue-ménage. Intrigué, il prend sa longue-vue et sort de sa maison pour observer les moutons.

« Pour combattre le loup, il faut de l'entraînement, explique le mouton noir. Commençons par le tir à l'arc ! » Il distribue à tous des arcs et des flèches.

Quelle Catastrophe !

Les moutons ont du mal à tenir l'arc. Ils n'arrivent pas à se tenir debout sur leurs pattes arrière.

Patatras ! ils tombent à la renverse.

« Ah ! ah ! ah ! » En haut de la colline, le loup rit à s'en décrocher la mâchoire.

Le mouton noir ne se décourage pas.
« Petits moutons,
apprenons à grimper aux arbres ! »

Quelle catastrophe ! Les moutons ne sont pas faits pour grimper aux arbres. Ils ont le vertige ! Ils essaient de se faire la courte échelle, mais ils sont trop lourds et Patatras ! ils tombent par terre.

« Ah ! ah ! ah ! »

En haut de la colline, le loup rit aux larmes.

Le mouton noir ne se décourage toujours pas.

« Petits moutons, apprenons à faire la course ! »

Quelle catastrophe ! Les moutons sont trop gros. Avec toute leur laine sur le dos, ils ont beaucoup trop chaud !

« Ah ! ah ! ah ! »

En haut de la colline, le loup manque mourir de rire. Il a tellement ri qu'il a très faim, une faim de loup.

« Petits moutons, préparez-vous, j'arrive ! Je vais venir vous dévorer. Attention, je ferme la porte de chez moi. »

Les moutons ont très très peur. « Bêê bêê… »
Ils se serrent les uns contre les autres. Heureusement, le mouton noir a une idée.
« Le loup est très fort mais nous sommes rusés.

Tendons-lui un piège. »

« Attention ! Je descends la colline ! » crie le loup. « Vite, petits moutons, écoutez-moi ! » Le mouton noir parle à l'oreille de chaque mouton.

« Je passe le petit pont. Hou ! hou ! »

hurle le loup qui prend son temps, sûr de sa victoire.

Enfin, le loup arrive dans la vallée. Il se jette au milieu du troupeau et les moutons s'enfuient dans tous les sens.

Seul un très gros mouton reste au milieu du pré, sans bouger. Il a l'air paralysé par la peur. Vite, le loup l'emporte sous son bras.

« Qu'il est lourd !

Il doit être très gras ! »

se réjouit le loup en se léchant les babines.

« Miam miam ! se dit le loup. Je vais croquer ce mouton. » Il ouvre une gueule immense et crac ! il se brise toutes les dents. Il pousse un hurlement qui résonne jusque dans la vallée.

« Ouille !

ouille !

ouille ! »

Tel est pris qui croyait prendre.

C'était un mouton en pierre, avec des pattes en bois, tout recouvert de laine blanche ! Les moutons dansent de joie. Ils remercient le mouton noir de les avoir sauvés.

Depuis ce temps-là, les moutons vivent tranquillement dans la vallée. Quant au grand loup gris, on n'a plus jamais entendu parler de lui.

Avec ses dents cassées,
il ne mange plus
que de la soupe et de la

ourée !

Les loups célèbres

Pierre et le loup

Pierre est un petit garçon courageux : il n'a pas peur du loup. Son grand-père lui défend de sortir du jardin car il a peur que le loup ne dévore son petit-fils. Mais Pierre est têtu.
Aidé par un oiseau et un chat, réussira-t-il à capturer le loup ?

Pierre et le loup est un conte musical écrit en 1936 par Serge Prokofiev.

Le Petit Chaperon rouge

Le Petit Chaperon rouge est une gentille petite fille qui s'en va porter des galettes à sa grand-mère. En chemin, elle croise un loup qui lui demande où elle va. La petite fille ne se méfie pas du loup et bavarde avec lui. Lorsqu'elle arrive chez sa grand-mère, le Petit Chaperon rouge la trouve bien changée…
C'est le loup qui s'est déguisé !

« Le Petit Chaperon rouge » fait partie des Contes de ma mère l'Oye, *écrits en 1697 par Charles Perrault.*

Ysengrin

Ysengrin est un loup très fort mais un peu bête. Renart est un renard très farceur, il adore embêter Ysengrin et lui jouer de vilains tours. Un jour, il apprend à Ysengrin à pêcher en attachant un seau à sa queue et en la plongeant dans l'eau glacée. À ton avis, Ysengrin va-t-il retrouver sa queue ?

Ysengrin est un personnage des récits médiévaux du Roman de Renart *(XIIe-XIIIe siècle).*

Les trois petits cochons

Trois petits cochons décident de se construire une maison. Le premier petit cochon se construit une maison en paille, le deuxième petit cochon se construit une maison en bois, le troisième petit cochon se construit une maison bien solide, en brique. Mais le loup rôde. Quand il arrive devant la maison en paille du premier petit cochon, il souffle et souffle si fort que… Mais que va-t-il se passer ?

Les trois petits cochons *est un conte traditionnel. Walt Disney en fit son premier dessin animé en couleurs en 1933.*

FLEURUS

Ne peut être vendu séparément
Achevé d'imprimer en août 2010 par Holinail (Chine)
Dépôt légal : octobre 2010

Ma première histoire d'...

Ogre

Racontée par Claire R
Dessinée par Pascal V

FLEURUS

Ma première histoire d'ogre

Il était une fois un ogre énorme, féroce et vorace. Il n'avait jamais assez à manger. Le matin, quand il se levait, il avait si faim qu'il mangeait une vache entière. À midi, son estomac gargouillait tant qu'il engloutissait trois moutons. Et le soir, ah ! Le soir, il savourait son plat préféré : des petits enfants bien gras et bien dodus.

L'ogre vivait dans la montagne et chaque jour on l'entendait crier de sa grosse voix :

« J'ai faim ! »

Son cri se répercutait de sommet en sommet.

Les arbres frissonnaient,
les ours tremblaient et toute la forêt
retenait son souffle. Les mamans,
affolées, obligeaient leurs enfants à rentrer
dans les maisons pour qu'ils échappent
à l'appétit de l'ogre.

Un jour, le petit Benjamin, qui n'avait pas froid aux yeux, décida d'aller chercher des fleurs dans la montagne pour l'anniversaire de sa maman.
Il voulait des fleurs rares, que personne n'avait jamais vues, des fleurs qu'on ne pouvait trouver que très très haut.

Il gravit la pente escarpée et arriva au sommet où l'attendait une fleur si jaune qu'on aurait dit qu'un rayon de soleil s'était endormi dedans :

« Comme elle est belle ! »

murmura Benjamin.

C'est alors qu'il sentit le sol trembler sous ses pieds, et une voix puissante résonna :

« Snif, snif, ça sent la chair fraîche ici ! »

Benjamin se cacha derrière un rocher, mais l'ogre se rapprochait :

« Snif, snif, à n'en point douter, un enfant est tout près d'ici. »

Benjamin se fit le plus petit possible, mais l'ogre souleva le rocher comme une petite cacahuète.
« Ah, ah, ah ! rit l'ogre. Mon nez ne me trompe jamais. Allez, viens, minot, je vais te dévorer pour mon dîner. »
Et l'ogre attrapa Benjamin dans ses grosses mains et l'emporta dans sa caverne.

La grotte de l'ogre était humide et sombre. Benjamin savait que ce molosse était cent fois plus fort que lui et que, d'un simple éternuement, il pouvait le projeter contre le mur et l'assommer.

Alors, mieux valait être rusé :

« Ogre, lança Benjamin de sa petite voix. Vous voulez me manger, mais je ne suis pas très dodu ni très gras. En deux bouchées, vous en aurez fini avec moi. »

L'ogre regarda Benjamin d'un peu plus près et tâta ses petits membres.

« C'est vrai, répondit-il.
Tu es bien maigrelet...

– Si vous ne me mangez pas ce soir, demain, je vous emmène au parc où vont tous mes amis. Vous pourrez attraper tous les enfants que vous voudrez, pour vous concocter un repas de roi ! »

Benjamin avait une idée derrière la tête, mais l'ogre n'y vit que du feu :

« Un festin d'enfants ! Hmm… Mes papilles en frémissent d'avance ! Soit, minot, je te laisse la vie sauve pour ce soir, mais tu n'as pas intérêt à me tromper ! »

Cette nuit-là, Benjamin ne put dormir.
L'ogre ronflait si fort que même les chauves-souris avaient préféré quitter les lieux.

Le lendemain, l'ogre et l'enfant se mirent en route. « Pourvu que mon plan fonctionne, pourvu que mon plan fonctionne… » se répétait Benjamin. En les voyant arriver, tous ses copains poussèrent de grands cris de terreur. Mais le garçon leur fit un gros clin d'œil. Et tous furent rassurés.

« Les amis, dit-il. L'ogre veut vous manger…
– Oooh ! » crièrent les enfants horrifiés.
Mais Benjamin le futé leur fit un nouveau clin d'œil appuyé.
« Toutefois, avant de vous manger, il veut s'amuser un peu. Proposons-lui une partie de foot. C'est d'accord, ogre ? »

L'ogre se méfiait un peu, mais il adorait jouer au ballon et, tout seul, ce n'était pas drôle.

« D'accord, répondit finalement le colosse au petit cerveau. Un bon foot me creusera l'appétit. Et après, je vous mangerai tous de bon cœur.

Ah, ah, ah ! »

Les enfants commencèrent à s'envoyer le ballon mollement. Qu'avait prévu Benjamin pour les sortir de ce mauvais pas ? Mais finalement, un foot reste un foot, avec un ogre ou pas. Et les enfants, même s'ils avaient peur, se prirent au jeu. Passes, dribbles et buts se succédèrent.

Quand tout à coup, Benjamin fit un signe de la main derrière le dos de l'ogre. Tous s'arrêtèrent.
« À toi, l'ogre ! » cria-t-il.
Et il tira dans le ballon de toutes ses forces. Celui-ci dévala la pente et atterrit dans le lac en contrebas. L'ogre courut après le ballon à toute vitesse. Mais il était si grand et si gros qu'il ne put s'arrêter et, entraîné par son poids, il tomba dans le lac.

« Au secours, au secours ! cria-t-il.

Je ne sais pas nager ! »

Et c'est ainsi que, grâce à Benjamin,
on fut débarrassé à jamais du méchant ogre
qui mangeait les enfants dodus.

Les ogres célèbres

L'ogre du Petit Poucet

Petit Poucet et ses frères sont perdus dans la forêt. Voyant de la lumière, ils s'approchent d'une maison isolée et frappent à la porte. Mais la femme qui leur ouvre les prévient : c'est la maison d'un ogre qui mange les petits enfants !

« Le Petit Poucet » *fait partie des* Contes de ma mère l'Oye, *écrits en 1697 par Charles Perrault.*

Shrek

Shrek est un ogre. Il est sale, grognon, mais il ne mange pas les enfants. Les gens ont peur de lui car ils ne savent pas qu'il est gentil. Shrek préférerait rester tout seul dans son marais, mais il va se faire plein d'amis !

Shrek est un film d'animation sorti sur les écrans en 2001.

L'ogre du Chat botté

Le Chat botté est très rusé, il veut aider son maître à devenir riche. Arrivé devant le château d'un ogre aux pouvoirs magiques, il entre et lui demande s'il sait se transformer en toutes sortes d'animaux. L'ogre, très fier de lui montrer, prend la forme d'un énorme tigre. Alors le chat lui demande de se changer en souris…

« Le Chat botté » *fait partie des* Contes de ma mère l'Oye, *écrits en 1697 par Charles Perrault.*

FLEURUS

« Loi n° 49-956 du 16 juillet 1949
sur les publications destinées à la jeunesse. »

Ne peut être vendu séparément
Achevé d'imprimer en août 2010 par Holinail (Chine)
Dépôt légal : octobre 2010

Ma première histoire de…

Sorcière

Racontée pa

Dessinée p

FLEURUS

Ma première histoire de sorcière

Il était une fois une sorcière qui était si laide et si méchante que tous les enfants tremblaient de peur quand ils entendaient son nom. Quand un enfant ne voulait pas manger sa soupe, ses parents lui disaient :

« Dépêche-toi de finir ton assiette, sinon la sorcière va venir te chercher ! »

Et tous les enfants terminaient leur soupe très, très vite.

Tous, sauf Balthazar. Balthazar était un petit garçon qui n'avait peur de rien, ni des loups, ni des monstres, ni des dragons, encore moins des sorcières. Un jour, Balthazar et ses copains jouaient au ballon et Cyprien tira si fort que le ballon atterrit dans la forêt.

« Ouh ! là, là ! crièrent les enfants, le ballon est perdu ! »

– Je vais le chercher, dit Balthazar d'un ton résolu.

– N'y va pas, tu es fou !

La sorcière va t'emmener ! »

« Les sorcières, ça n'existe pas !
On les a inventées pour faire peur aux enfants ! »
cria Balthazar.

Et il s'enfonça dans la forêt. Ce jour-là, la sorcière ramassait des champignons vénéneux pour faire des poisons terribles. Quand elle entendit Balthazar hurler que les sorcières n'existaient pas, ses cheveux emmêlés et remplis de poux se dressèrent sur son crâne tout bossu.

« Qui est cet impertinent qui s

Je vais l'enfermer dans mon château hanté, le faire travailler toute la journée, et je finirai par le manger !

Allez, dragon,
attrape-moi
ce petit morveux ! »

Balthazar sentit deux grosses pattes crochues le saisir par le maillot et l'emporter dans les airs. Elles le lâchèrent brutalement dans la cour d'un château sombre et crasseux.

moque de moi ?

« Alors, moucheron,

incline-toi devant la plus terriiiible

des sorcières du monde.

– Vous n'êtes pas une vraie sorcière, c'est un déguisement !

– Déguisée, moi ! Ces yeux injectés de sang, ces doigts crochus, ce nez couvert de verrues, ces dents de travers, tu crois que c'est du faux ? Tu vas voir ! Prends un balai et un seau, et nettoie tout le château ! »

Balthazar se mit à trembler : il n'allait jamais y arriver ! Le château était trop sale : il y avait…

Il allait finir en bouillie pour dragon ou en potion magique, c'était sûr ! Il se mit à frotter, à astiquer, à faire briller de toutes ses petites forces mais, à la fin de la journée, il n'avait nettoyé qu'une toute petite chambre de rien du tout.

rapauds, des crottes de dragons,
es œufs pourris de serpents.

« Tu te moques de moi ! hurla la sorcière.

Dragon, emporte-moi cett

Dragon souleva Balthazar et descendit aux oubliettes. Mais boum, il se cogna à un mur, aïe, il rentra dans une porte fermée, bing, il se prit un lustre dans le museau.

« Ma parole, il ne voit rien, ce dragon ! s'exclama Balthazar. Il a l'air aussi myope que moi ! »

arve au cachot ! »

Aussitôt, Balthazar mit sur le nez du dragon sa seconde paire de lunettes, celle de dépannage, qu'il gardait toujours dans sa poche.

« Mummmmm ! »

dit le dragon, en écarquillant les yeux.

Il approcha son museau de Balthazar et lui lécha la joue d'un grand coup de langue.

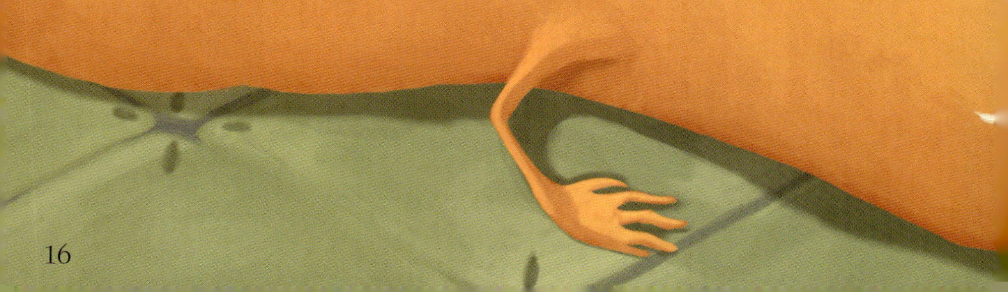

« Moi aussi, je t'aime bien ! dit Balthazar en essuyant son visage trempé de bave.

Est-ce que tu veux bien m'aider à sortir d'ici ? »

Le dragon secoua la tête de haut en bas.

« J'ai une idée ! dit Balthazar. Hurle, comme quand tu as très mal.

- Brouaaaaaaaaa ! hurla le dragon. »

La sorcière accourut : « Dragounet chéri, que se passe-t-il, tu es blessé ? »

Et boum ! elle se prit les pieds dans le balai coincé en travers de la porte. Balthazar lui versa son seau plein de poussière sur la tête, la poussa dans le cachot, ferma à double tour et s'enfuit à toute allure sur les ailes du dragon.

Depuis ce jour,

Balthazar ne cria plus jamais

que les sorcières n'existaient pas.

Il en connaissait une, enfermée dans un cachot où, si personne ne l'avait délivrée, elle était encore !

Quant au dragon, il vivait paisiblement dans le château, se promenant toute la journée sans plus jamais se cogner. Et tous les mercredis, il jouait aux cartes avec son copain Balthazar.

Les sorcières les plus célèbres

La Sorcière de la rue Mouffetard

Un jour, une vieille sorcière lit dans le journal que, pour devenir jeune et belle, il lui suffit de man une petite fille à la sauce tomate. Une petite fille dont le prénom commence par un N… Justement, tout à côté de chez elle vit une petite fille qui s'appelle Nadia. Mais comment va-t-elle faire pour la manger ?

« La Sorcière de la rue Mouffetard » fait partie des Contes de la rue Broca, *écrits en 1967 par Pierre Gripar*

Baba Yaga

C'est l'histoire d'une petite fille qui n'a plus de maman. Son papa se remarie avec une méchante femme. Un jour, la femme demande à la petite fille d'aller chercher du fil et une aiguille chez Baba Yaga. Mais Baba Yaga est une méchante sorcière qui mange les enfants !

On retrouve le personnage de Baba Yaga dans de nombreux contes traditionnels russes.

Kirikou et la sorcière

Karaba la sorcière a jeté un sort au village de Kirikou.
Le petit garçon voudrait bien délivrer son village
de la méchante sorcière. Pour cela, il se demande :
« Pourquoi Karaba est-elle si méchante ? »

Kirikou et la sorcière *est un film d'animation réalisé par Michel Ocelot en 1998.*

Hansel et Gretel

Hansel et Gretel sont frère et sœur.
Ils se sont perdus dans la forêt.
Ils ont très faim et sont fatigués
d'avoir tant marché.
uand soudain, ils découvrent une maison
faite de gâteaux et de sucre !
Les deux enfants se jettent sur la maison
pour en manger quelques morceaux.
Mais attention ! C'est la maison
d'une sorcière qui veut les manger !

ansel et Gretel *est un conte traditionnel allemand repris par les frères Grimm en 1812.*

FLEURUS

« Loi n° 49-956 du 16 juillet 1949
sur les publications destinées à la jeunesse. »

Ne peut être vendu séparément
Achevé d'imprimer en août 2010 par Holinail (Chine)
Dépôt légal : octobre 2010

Ma première histoire de…

Chevalier

Racontée par Vincent Villem
Dessinée par

FLEURUS

Ma première histoire de chevalier

Il était une fois un chevalier qui s'appelait Godefroy. C'était le meilleur chasseur de dragons du royaume tout entier.

Chaque fois qu'un cracheur de feu pointait le bout de son nez, on appelait **le chevalier.**

Du bout de son épée Durmétal, Godefroy avait pourfendu des centaines de dragons.

Les petits, zip zip zip, il les taillait en spaghettis.

Les plus gros, tchac tchac tchac, il en faisait des raviolis.

Et les énormes, hauts comme la tour Eiffel, il les massacrait sans problème.

Tout le monde trouvait Godefroy héroïque. Même le roi voulait l'inviter à sa table ronde pour dîner.

Pourtant, le chevalier était très malheureux.

Chaque fois qu'il partait au combat, il espérait pouvoir délivrer, dans la caverne du dragon, une princesse aux cheveux blonds.
Mais ses ennemis le décevaient toujours : dans leur tanière, il ne trouvait jamais de jolie prisonnière.

Godefroy se désolait en parlant à Pattes-d'acier, son fidèle cheval :

« Moi, je combats les dragons,
et je rêve d'une belle
aux cheveux blonds

Les autres, ils restent chacun chez soi,
et ils épousent des filles de roi ! »

« Tu as raison, ça n'est pas juste ! lui répondit Pattes-d'acier en hennissant.

– C'est même scandaleux ! » renchérit Durmétal, la seule épée qui parle.

Alors, ils décidèrent tous les trois de bouder dans leur coin.

Quand ils apprirent que Godefroy ne voulait plus se battre, tous les dragons sortirent de leur tanière.

Ils envahirent le royaume par centaines, leurs vols couvrirent bientôt le ciel.

Tout le monde alla se réfugier dans le château du vieux roi. Hélas, Tyran, le chef de tous les dragons, réussit à se poser sur le sommet du donjon. Il glissa sa patte par la fenêtre de la tour et attrapa la fille du roi, la princesse Bégonia !

Il l'emporta entre ses immenses griffes pour en faire son repas.

Pauvre roi ! Il galopa aussitôt jusqu'à la clairière où le chevalier continuait de bouder.

« Godefroy, je t'en supplie ! Le royaume a besoin de toi ! On a volé la fille du roi !
– Votre fille, Sire ? La princesse Bégonia ?
– Tout juste !
– Rappelez-moi, est-elle blonde, jolie comme une déesse et douce comme la plus douce des caresses ?

– Exactement. Mais le gros dragon Tyran va la croquer pour son goûter !
– Ah, ça non ! par Montjoie et par Saint-Denis ! »
Godefroy se leva, attrapa l'épée Durmétal, sauta sur le fougueux cheval Pattes-d'acier et fonça à travers bois vers le repaire de Tyran,

le dragon à trois cornes.

À l'entrée de sa caverne,
Tyran l'attendait, l'air mauvais.

« Qui vois-je là ?
Un chevalier
qui veut me défier ?

– Oui, c'est moi, Godefroy !
– Tiens, tiens. On m'a parlé de toi !
Il paraît que tu chasses les dragons.
– Bien sûr ! J'en fais du saucisson.
– Eh bien, moi, je vais te brûler, te carboniser
et te manger pour le goûter. »
Le dragon eut un sourire mauvais.

« Et je garderai la princesse pour mon souper !

– Ça, jamais ! »

Alors commença la bataille.
Zip zip zip, tchac tchac tchac, Durmétal fendit l'air. Mais Tyran évitait la lame, et il crachait des flammes. Pattes-d'acier devait se cabrer, sauter sans cesse de côté. Godefroy finit par tomber de cheval.

Catastrophe !

À pied, il était trop lent pour échapper au feu dévorant.
Le chevalier était perdu !

Alors, il essaya une dernière ruse.

Il plongea dans une petite mare boueuse

et resta sous l'eau, en se bouchant le nez. Tyran ne voyait plus Godefroy. Il enfonça la tête dans la mare pour retrouver le chevalier. C'est à ce moment que Godefroy surgit hors de l'eau, l'épée

Durmétal brandie bien haut ! Le dragon voulut le carboniser mais, avec les naseaux tout mouillés, il ne pouvait que cracher de la fumée. Et en quatre coups et cinq grands gestes, Godefroy lui coupa la tête, les pattes, et le reste.

Et c'est ainsi que Godefroy épousa la princesse Bégonia. Il partit en voyage de noces sur son fidèle Pattes-d'acier, Durmétal à son côté. Mais son épée pouvait se reposer : il n'eut plus jamais à combattre.

Car désormais,
quand les dragons voyaient passer le chevalier,
ils couraient se cacher !

Les chevaliers les plus célèbres

Saint Georges

Lors d'un voyage, Georges traverse une ville où vit un redoutable dragon qui dévore chaque jour deux jeunes habitants. Ce jour-là, c'est la fille du roi qu'il veut manger. N'écoutant que son courage, Georges affronte le dragon et le tue.

Georges est le saint patron des chevaliers.

Le roi Arthur

Le dessin animé *Merlin l'Enchanteur* raconte l'incroyable histoire d'Arthur, un jeune garçon qui rêve de devenir chevalier. Il va devenir roi grâce à une épée magique, Excalibur. Plus tard, il réunira les plus valeureux chevaliers de son royaume. On les appellera les chevaliers de la Table ronde.

Merlin l'Enchanteur *est un dessin animé de Walt Disney sorti en 1963.*

Lancelot du lac

Lancelot est recueilli par la fée Viviane alors qu'il est tout petit. Cette fée vit au fond d'un lac. Elle l'éduque et fait de lui un parfait chevalier. À 18 ans, elle l'emmène à la cour du roi Arthur et il devient le meilleur chevalier de la Table ronde. Mais ce jour-là, Lancelot tombe éperdument amoureux de la reine Guenièvre…

On retrouve le personnage de Lancelot dans les romans de la Table ronde, notamment Lancelot ou le Chevalier de la charrette, *écrit par Chrétien de Troyes au XIIe siècle.*

Le chevalier Bayard

Le chevalier Bayard a réellement existé. Il est le plus courageux des chevaliers ; il disait lui-même : « Je n'ai jamais tourné le dos devant l'ennemi. » On l'appelle le Chevalier sans peur et sans reproche, car il était aussi bon et généreux. Même ses ennemis le respectaient.

Le chevalier Bayard eut l'honneur d'adouber François Ier chevalier en 1515.

FLEURUS

Ne peut être vendu séparément
Achevé d'imprimer en août 2010 par Holinail (Chine)
Dépôt légal : octobre 2010

Ma première histoire de...

Fantôme

Racontée
Dessinée pa

Ma première histoire de fantôme

Il était une fois un grand château habité par un comte, une comtesse et leur petite fille Léa.

C'était un très vieux château au toit percé

et, quand il pleuvait,

toute la famille était trempée.

« Si nous avions un fantôme,

dit Monsieur le comte,

nous pourrions faire visiter le château.

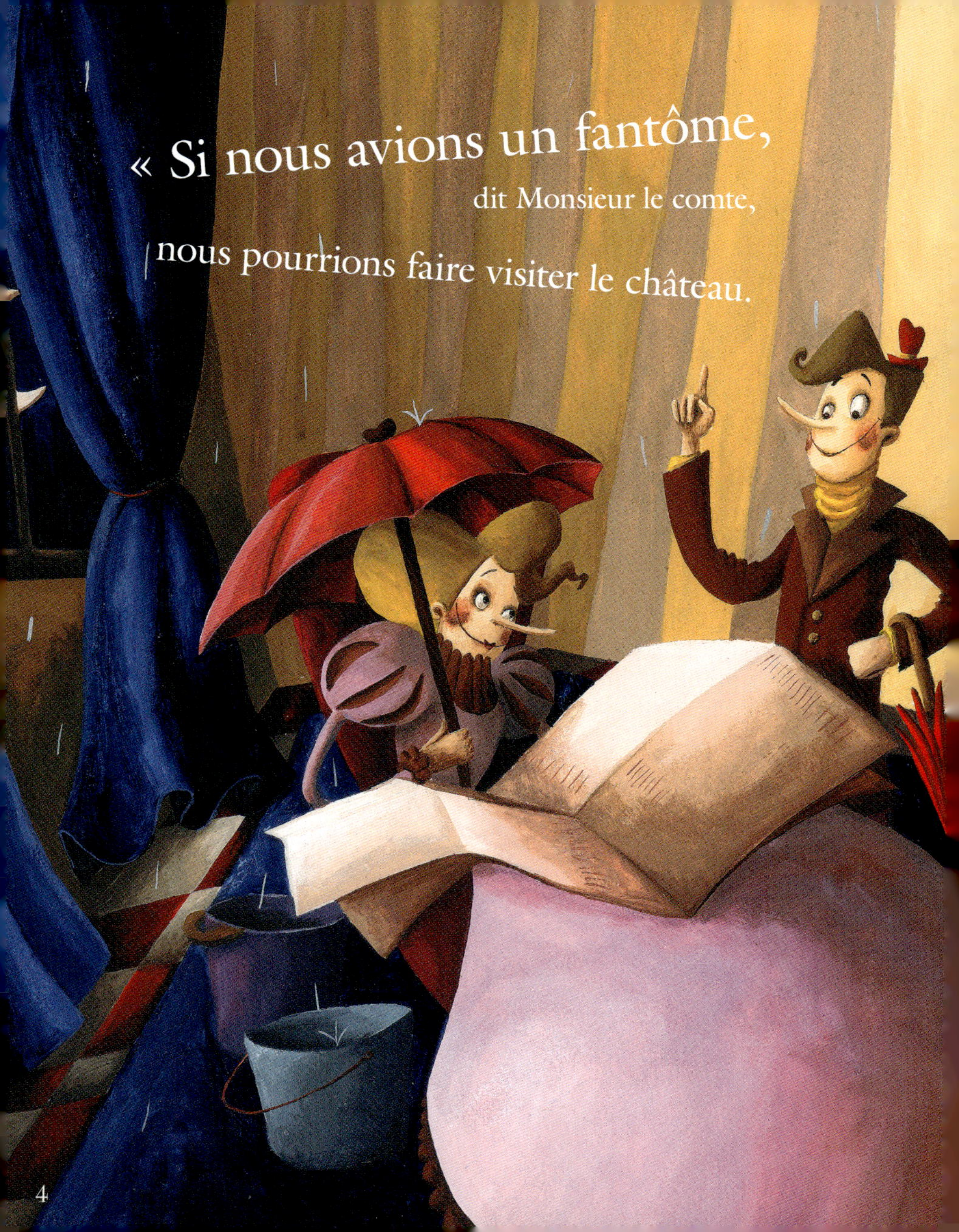

Les gens aiment bien avoir peur, ils pourraient passer la nuit ici. Et avec l'argent, on ferait réparer le toit.

– Fabuleuse idée ! répond Madame la comtesse. Passons tout de suite une petite annonce dans le journal pour trouver un fantôme vraiment effrayant. »

« Un fantôme au château ? se dit la petite Léa.

Je ne sais pas si c'est une bonne idée… »

Le soir venu, un lourd silence règne dans le château. Le comte et la comtesse attendent…

Quand soudain, quelque chose de terrible apparaît juste devant eux. C'est un vrai fantôme !

Il porte un casque, une armure et… une épée ! Le comte pousse un cri horrible. Et la comtesse s'évanouit.

« Je suis le fantôme du chevalier Édouard Cœur d'Épinard.

Je viens pour la petite annonce.

– V…vous êtes tr…très ef…frayant, bégaie Monsieur le comte, vous ferez pa…pa… parfaitement l'affaire… »

Le lendemain matin, Léa n'est pas très rassurée. Son papa a planté un panneau à l'entrée du château :

« Ne sors surtout pas de ta chambre cette nuit, dit le comte, si tu ne veux pas rencontrer le terrible fantôme du chevalier Édouard Cœur d'Épinard ! »

Le soir même, les premiers clients frappent à la porte du château. Monsieur et madame Poudigne et leur fils Archibald sont tout excités,

ils ont hâte de voir un vrai fantôme.

À minuit, tout le château est enfin endormi.

Dong ! dong ! dong !

L'horloge du salon sonne les douze coups et réveille le fantôme du chevalier Édouard Cœur d'Épinard.

Il apparaît soudain dans la chambre de la famille Poudigne et se met à crier de toutes ses forces :

« Je suis le fantôôôme du chevalier

Monsieur et madame Poudigne se réveillent d'un bond en hurlant. Et vite vite vite, ils sautent sous le lit pour se cacher.

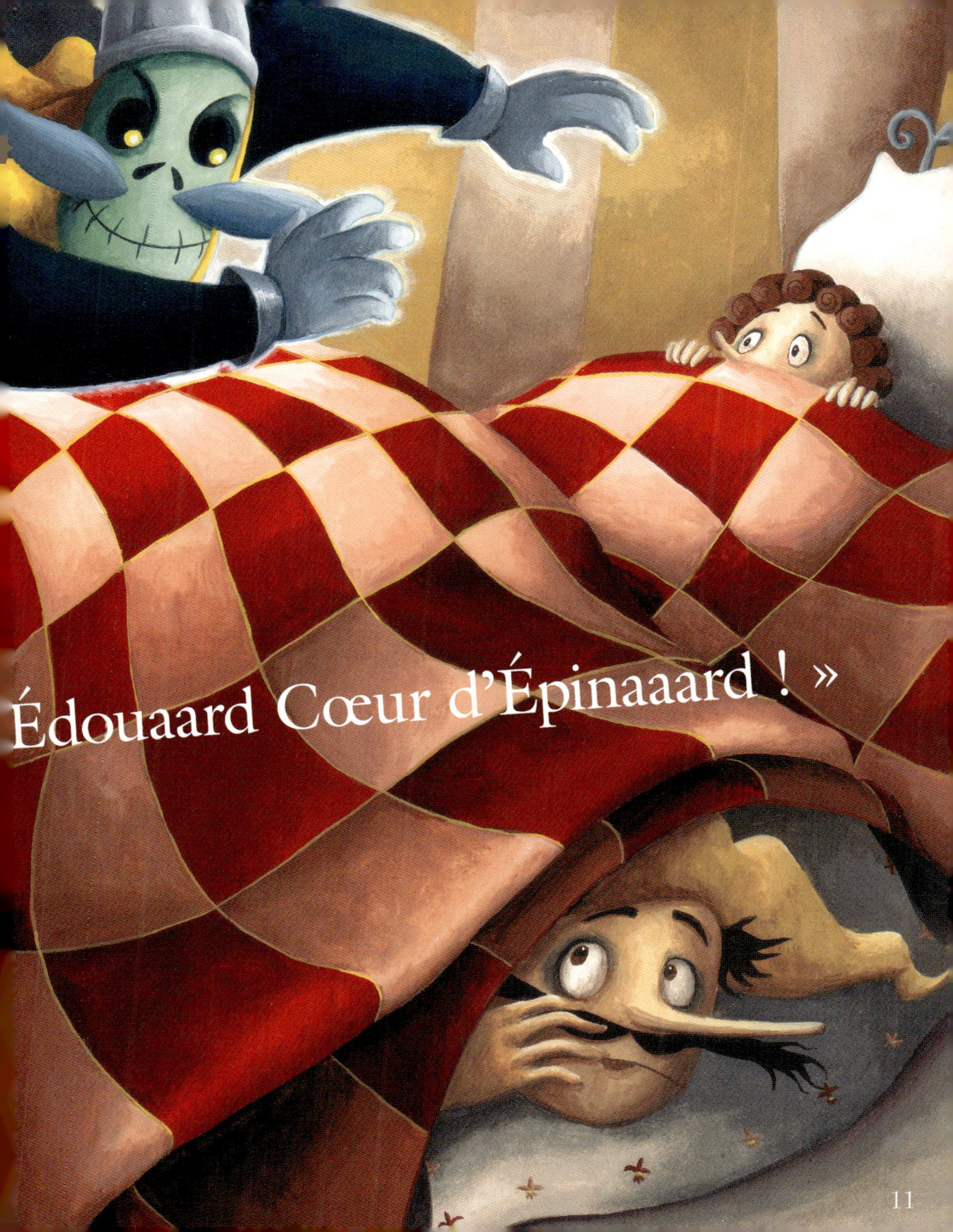

Édouaard Cœur d'Épinaaard ! »

Archibald s'est réfugié sous sa couette et écoute tout ce remue-ménage. Mais un grand silence s'installe : le fantôme est-il parti ?
Pour en avoir le cœur net, le garçon sort la tête de la couette et se retrouve… face au chevalier !

Dans un grand cri, il jette sa lampe de chevet droit devant lui. La tête du fantôme se détache et roule par terre.
Le chevalier sans tête ne sait plus où il est.

Il met les bras en avant
et se dirige vers Archibald et ses parents.

Monsieur Poudigne,
madame Poudigne
et Archibald sont tellement
épouvantés qu'ils s'enfuient
du château en hurlant.

Tout ce bruit a réveillé Léa.
« Que se passe-t-il ? »
se demande la petite fille.

Elle ouvre doucement la porte de sa chambre et découvre avec horreur la tête d'Édouard Cœur d'Épinard qui roule dans le grand couloir en criant :

« Où est mon corps ?

Rendez-moi mon corps ! »

Léa hurle de toutes ses forces :

« Aaaaaaaaaaaaaah !!! »

« Je vous en supplie, mademoiselle,

aidez-moi à retrouver mon corps !

– C'est impossible, dit Léa, j'ai… j'ai…

– Peur ? demande la tête du fantôme.

– Oui ! Très beaucoup énormément !

– Pourtant, je ne peux pas vous faire de mal, puisque je n'ai plus que ma tête.

– Co… Comment ça se fait ?

– Ce gamin m'a assommé avec une lampe et ma tête s'est détachée. Je vous en supplie, aidez-moi à retrouver mon corps ! »

La petite Léa approche en tremblant, saisit la tête du fantôme et commence à chercher le corps d'Édouard sous les fauteuils, derrière les rideaux, dans la cheminée et sous le lit. Elle le découvre enfin dans le garage, en train d'essayer le nouveau vélo de son père !

Édouard est très content. Il récupère son corps et remercie Léa.

« Merci, mademoiselle ! Vous m'avez sauvé ! Maintenant, je dois me reposer pour être en forme la nuit prochaine. Bonne nuit ! »

Depuis cette nuit-là, Léa a hâte d'aller se coucher.

Car à minuit, elle court rejoindre son ami Édouard. Ensemble, ils crient et tapent des poings sur les portes, ils secouent les matelas et les couettes, ils chatouillent les pieds des vacanciers avec une plume et

ils s'amusent comme des petits fous !

Les fantômes les plus célèbres

Harry Potter

Il y a beaucoup de fantômes dans *Harry Potter.* À Poudlard, l'école des sorciers, il y a Mimi geignarde, qui hante les toilettes et qui pleure tout le temps. Il y a aussi Nick Quasi-sans-tête, qui invite Harry et ses amis à son anniversaire de mort !

Harry Potter est le héros des romans de J. K. Rowling dont le premier tome a été publié en 1997.

Casper, le gentil fantôme

Casper est un petit fantôme qui n'aime pas faire peur aux gens. Il voudrait bien avoir des amis, mais tout le monde a peur de lui.
Heureusement, il ne va pas rester triste toute sa vie !

Casper apparaît pour la première fois à l'écran dans le dessin animé Casper, le gentil fantôme, *créé en 1945.*

Les fantômes de monsieur Scrooge

Monsieur Scrooge est un très vieil homme qui ne veut pas fêter Noël.
Il n'aime personne et préfère rester chez lui et compter ses sous.
La veille de Noël, trois fantômes viennent lui rendre visite.
Réussiront-ils à lui faire aimer Noël ?

Un chant de Noël *est un conte écrit par Charles Dickens en 1843.*

FLEURUS

« Loi n° 49-956 du 16 juillet 1949
sur les publications destinées à la jeunesse. »

Ne peut être vendu séparément
Achevé d'imprimer en août 2010 par Holinail (Chine)
Dépôt légal : octobre 2010